APRECIO

con Beto y Enrique

Un libro sobre la empatía

Marie-Therese Miller

ediciones Lerner ◆ Mineápolis

La misión de Sesame Street siempre ha sido enseñarles a los niños mucho más que solo el abecedario y los números. Esta serie de libros que promueven rasgos de la personalidad positivos como la generosidad, el respeto, la empatía, el pensamiento positivo, la resiliencia y la persistencia ayudarán a los niños a crecer y convertirse en la mejor versión de ellos mismos. Por eso acompaña a tus amigos divertidos y peludos de Sesame Street mientras aprenden a ser más inteligentes, más fuertes y más amables y le enseñan a serlo a todo el mundo.

Saludos. Los editores de Sesame Street

CONTENIDO

¿Qué es la empatía?

Aprecio a mi viejo amigo Beto y me importa cómo se siente.

Tener empatía significa que comprendes cómo se siente alguien.

Una amiga se queda en su casa porque está enferma y no va a la escuela.

Puedes enviarle una tarjeta con deseos de que se mejore pronto.

Le doy pañuelitos a Snuffy cuando está resfriado.

Cómo se ven los sentimientos

Se suele ver cómo se sienten
las personas por la cara.

Cuando estoy feliz, tengo una gran sonrisa en la cara.

9

Algunas veces las personas demuestran cómo se sienten mediante acciones.

¿Cómo puedes saber lo que está sintiendo otra persona?

Es posible que las personas golpeen el piso con los pies cuando están enojadas.

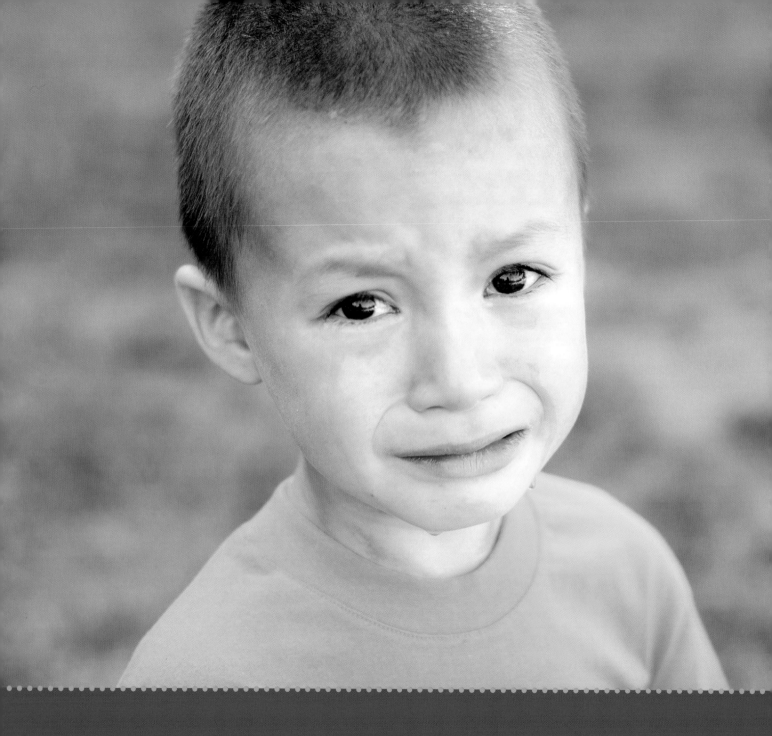

Las personas lloran cuando están tristes.

¿Qué puedes hacer si tu amigo o amiga se siente triste?

Puedes sentarte con ellas y escucharlas.

13

También puedes compartir los sentimientos positivos de los demás.

Cuando Elmo
está feliz, yo
también estoy feliz.
¡Nos divertimos en
grande!

Puedes saltar una
y otra vez con una
amiga entusiasmada.

Las personas se sienten cansadas a veces. Pueden estar de mal humor.

Cuando Curly tiene sueño, le leo cuentos de hadas.

Tú comprendes que necesitan descansar.

Los ruidos fuertes pueden ser abrumadores.
Algunas veces las personas necesitan tranquilidad.

Jugamos tranquilas con burbujas.

¡Burbujas!

La empatía te ayuda a comprender cómo se sienten los demás. Conecta a las personas para que estén juntas.

¿Cuándo has sentido empatía hacia otra persona? ¿Qué dijiste o hiciste?

¡SER UN AMIGO!

Haz que tus amigos simulen que están sintiendo una emoción específica. Por ejemplo, pueden simular estar tristes, felices, con vergüenza o con miedo. Adivina qué están sintiendo. ¿Qué podrías hacer para ayudar?

Glosario

abrumador: difícil o demasiado

comprender: saber

conectar: unirse con otros

entusiasmada: que se siente feliz y ansiosa

juntas: con otras personas

Más información

Miller, Marie-Therese. *Me encanta compartir con Comegalletas: Un libro sobre la generosidad.* Mineápolis: ediciones Lerner, 2024.

Murray, Julie. *Empathy.* Mineápolis: Abdo, 2020.

Nelson, Penelope S. *Having Empathy.* Mineápolis: Jump!, 2020.

Índice

Créditos por las fotografías

Créditos de las imágenes adicionales: karelnoppe/Shutterstock.com, p. 4; anek.soowannaphoom/Shutterstock.com, p. 5; PR Image Factory/Shutterstock.com, p. 6; Rawpixel.com/Shutterstock.com, pp. 8, 19; Alena Ozerova/Shutterstock.com, p. 9; fizkes/Shutterstock.com, p. 10; jo.pix/Shutterstock.com, p. 11; Aynur_sib/Shutterstock.com, p. 12; Lopolo/Shutterstock.com, p. 13; Monkey Business Images/Shutterstock.com, p. 14; Liderina/Shutterstock.com, p. 15; kornnphoto/Shutterstock.com, p. 16; szefei/Shutterstock.com, p. 17; GOLFX/Shutterstock.com, p. 18; Robert Kneschke/Shutterstock.com, p. 20.

A la memoria de mi yerno, Sean, que puso a la empatía en acción

Traducción al español: ® and © 2024 Sesame Workshop. Todos los derechos reservados.
Título original: *Caring with Bert and Ernie: A Book about Empathy*
Texto: ® and © 2021 Sesame Workshop. Todos los derechos reservados.
La traducción al español fue realizada por Zab Translation.

ediciones Lerner
Una división de Lerner Publishing Group, Inc.
241 First Avenue North
Mineápolis, MN 55401, EE. UU.

Si desea averiguar acerca de niveles de lectura y para obtener más información, favor consultar este título en www.lernerbooks.com.

Fuente del texto del cuerpo principal: Billy Infant. Fuente proporcionada por SparkyType.

Library of Congress Cataloging-in-Publication Data

Names: Miller, Marie-Therese, author.
Title: Aprecio con Beto y Enrique : un libro sobre la empatía / Marie-Therese Miller.
Other titles: Caring with Bert and Ernie. Spanish
Description: Mineápolis, MN : ediciones Lerner, [2024] | Series: Guías de personajes de Sesame Street en español | Includes bibliographical references and index. | Audience: Ages 4-8 | Audience: Grades K-1 | Summary: "Kids will learn all about empathy with best buddies Bert and Ernie! They will discover how to think about others, show that they care, and help those around them. Now in Spanish!"—Provided by publisher.
Identifiers: LCCN 2023017468 (print) | LCCN 2023017469 (ebook) | ISBN 9798765608258 (library binding) | ISBN 9798765623282 (paperback) | ISBN 9798765612613 (epub)
Subjects: LCSH: Empathy—Juvenile literature. | Bert (Fictitious character from Henson) | Ernie (Fictitious character : Henson) | BISAC: JUVENILE NONFICTION / Social Topics / Emotions & Feelings
Classification: LCC BF575.E55 M5518 2024 (print) | LCC BF575.E55 (ebook) | DDC 152.4/1—dc23/eng/20230614

Fabricado en los Estados Unidos de América
1-1009526-51464-5/4/2023